BEI GRIN MACHT SICH IHR WISSEN BEZAHLT

- Wir veröffentlichen Ihre Hausarbeit, Bachelor- und Masterarbeit

- Ihr eigenes eBook und Buch - weltweit in allen wichtigen Shops

- Verdienen Sie an jedem Verkauf

Jetzt bei www.GRIN.com hochladen und kostenlos publizieren

Bibliografische Information der Deutschen Nationalbibliothek:

Die Deutsche Bibliothek verzeichnet diese Publikation in der Deutschen Nationalbibliografie; detaillierte bibliografische Daten sind im Internet über http://dnb.d-nb.de/ abrufbar.

Dieses Werk sowie alle darin enthaltenen einzelnen Beiträge und Abbildungen sind urheberrechtlich geschützt. Jede Verwertung, die nicht ausdrücklich vom Urheberrechtsschutz zugelassen ist, bedarf der vorherigen Zustimmung des Verlages. Das gilt insbesondere für Vervielfältigungen, Bearbeitungen, Übersetzungen, Mikroverfilmungen, Auswertungen durch Datenbanken und für die Einspeicherung und Verarbeitung in elektronische Systeme. Alle Rechte, auch die des auszugsweisen Nachdrucks, der fotomechanischen Wiedergabe (einschließlich Mikrokopie) sowie der Auswertung durch Datenbanken oder ähnliche Einrichtungen, vorbehalten.

Impressum:

Copyright © 2016 GRIN Verlag
Druck und Bindung: Books on Demand GmbH, Norderstedt Germany
ISBN: 9783668649613

Dieses Buch bei GRIN:

https://www.grin.com/document/413681

Tara Schümchen

Marktbeschreibung, Marktanalyse und Marketingplanung eines Fitnessstudios im Premium Segment

GRIN Verlag

GRIN - Your knowledge has value

Der GRIN Verlag publiziert seit 1998 wissenschaftliche Arbeiten von Studenten, Hochschullehrern und anderen Akademikern als eBook und gedrucktes Buch. Die Verlagswebsite www.grin.com ist die ideale Plattform zur Veröffentlichung von Hausarbeiten, Abschlussarbeiten, wissenschaftlichen Aufsätzen, Dissertationen und Fachbüchern.

Besuchen Sie uns im Internet:

http://www.grin.com/

http://www.facebook.com/grincom

http://www.twitter.com/grin_com

Deutsche Hochschule für
Prävention und Gesundheitsmanagement
Hermann Neuberger Sportschule 3
66123 Saarbrücken

Hausarbeit (kollektive Prüfungsleistung)

Name, Vorname	Schümchen, Tara
Modul	Marketing 1
Studiengang	Fitnessökonomie
Datum Präsenzphase	17.10.2016 – 19.10.2016
Studienort	München
Gruppe bzw. zu bearbeitende Stadt	Gruppe 2, Frankfurt am Main
Unternehmenstyp*	**Fitnessstudio, Premium-Segment**

* abhängig von Aufgabenstellung: jeweils den zu bearbeitenden „Unternehmenstyp" eintragen

Inhaltsverzeichnis

1 MARKTBESCHREIBUNG/-ANALYSE 3

1.1 Allgemeine Informationen über den Unternehmenstyp 3

1.2 Lage und Standort der Unternehmen 4

1.3 Bestimmung von zwei Marktgebieten 4

1.4 Makroumfeldanalyse und Abschätzung des Marktpotenials 4

1.5 Wettbewerbsanalyse 5

1.6 Beurteilung der Marktanalyse 6

2 MARKETINGPLANUNG 6

2.1 Budgetplanung 6

2.2 Kommunikationspolitik 7

2.3 Werbeplanung 9

2.4 Kostenkalkulation/ Budgetvergleich bei der Werbeplanung 9

2.5 Synergieeffekte im Rahmen der Kommunikationspolitik 10

3 ABSCHLUSSSTATEMENT 10

4 LITERATURVERZEICHNIS 11

5 TABELLENVERZEICHNIS 13

5.1 Tabellenverzeichnis 13

1 Marktbeschreibung/-analyse

1.1 Allgemeine Informationen über den Unternehmenstyp

Als Hauptzielgruppe wird der moderne, zukunftsorientierte und bewusste Geschäftsmensch angesehen, der eine gefestigte Position vorzugsweise als Führungsperson hat, zwischen 30 bis 50 Jahre. Somit ein hohes Einkommen und eine hohe diskretionäre Kaufkraft. Außerdem in Frankfurt am Main lebt und dort vorzugsweise keine Familie um seine Zeit freier gestalten zu können. Er legt Wert auf sein Äußeres, sowie auf seine Gesundheit. Lebt bewusst oder möchte bewusster leben und legt Wert darauf sich im Kreis seines gleichen aufzuhalten.

Die Positionierung des Unternehmens auf dem Markt sollte der entsprechenden Zielgruppe gerechtwerden. Angesehen als sehr gutes Premiumstudio mit Trainings- und Ernährungsspezialisten sollte es sich von der Masse abheben. Um die gewünscht Zielgruppe zu erreichen, muss die angebotene Leistung den Kunden begeistern und ihn von der Konkurrenz zurückhalten.

Somit fällt in den Rahmen der Produktpolitik ein großes Spektrum an höchsten Leistungen. Das Premium Studio bietet einen großen Freihantelbereich, Funktionaltraining, Gerätetraining, Cardiotraining, Personaltraining, Kursstunden, Personal Life Coachings, Ernährungsbratungen und Seminare, eigene Rezeptbücher. Es wird eine Fitnesskitchen vorhanden sein, die frische Fitnessgerichte kochen wird und diese abgepackt to go oder zum hier Essen anbieten wird. Es wird außerdem eine eigene Sportcollection entworfen, wo alle Neumitglieder und Mitglieder die Möglichkeit haben sich diese zu kaufen und bei Neuabschluss ein teil ihrer Wahl geschenkt bekommen. Der Wellnessbereich beinhaltet Sauna, Whirlpool und einen Entspannungsraum. Bei Anfrage werden auch Massagen angeboten.

Das Preisniveau startet bei 80€/Monat mit einer Basis Mitgliedschaft. Durch die große Angebotsvielfalt rechtfertigt sich dieser Preis. Je nach dem welche Extras der Kunde individuell dazu nimmt steigt der Preis. Sollte man Optionen nicht in seinem Mitgliedsbeitrag haben, aknn man diese per Einmalnutzung dazu buchen und bar zahlen.

Alle Leistungen werden Grundsätzlich nur vor Ort ausgeführt, da das Premiumstudio eine komlette Gesundheits- und Fitnesslandschaft wird.

1.2 Lage und Standort der Unternehmen

Westend Frankfurt am Main, Bockenheimer Anlage 37.
Das Westend Frankfurt gilt als das teuerste Wohn,-/Geschäftviertel Frankfurts und liegt nahe der Innenstadt. Hat somit hohes Umfeldpotential aufgrund der Branchenvielfalt in der Innenstadt sowie im Bereich der Bockenheimer Anlage. Die gewünschte Zielgruppe ist hier stark vertreten, da die umliegenden Unternehmen der anderen Branchen einen sehr hohen Status haben (Hilton Hotel Frankfurt, Tommy Hilfiger, Michael Kors etc.) Außerdem ist der Standort Nahe der Innenstadt, sowie innerhalb der Bankenviertel. Was eine hohe Personendichte erschließen lässt, sowie eine gute Verkehranbindung mit Straßen,-/S-Bahnen und Bussen.

1.3 Bestimmung von zwei Marktgebieten

Marktgebiet 1 nach Zeit-Distanz-Methode (5-7min mit dem Auto):
37.575 Einwohner (Innenstadt; Bahnhofsviertel; Westend Nord; Westend-Süd)

Marktgebiet 2 nach Zeit Distanz-Methode (12-15min mit dem Auto):
121.545 Einwohner (Altstadt; Nordend-Weste; Nordend-Ost; Ostend; Bockenheim)

1.4 Makroumfeldanalyse und Abschätzung des Marktpotenials

Die Demografischen Daten Frankfurts aus dem Jahr 2015 lassen sich für ein Premium Fitnessstudio sehen. Mit 716.277 Einwohner liegt die Kaufkraft Frankfurts bei 115,1 und ist somit sehr gut. Die Arbeitslosenquote beträgt 6,1% ist somit besser als der Durchschnitt Deutschlands, der im Jahr 2014 bei 6,4 % lag.
Die Altersverteilung Frankfurts liegt mit einem Schwerpunkt auf den 35 Jährigen Büren als auch Bürgerinnen sowie einem hohen Anteil an 50 bis 55 Jährigen Bürgern und Bügerinnen. Ideal für die Zielgruppe des Premiumstudios. Die verteilung allgemein erinnert an einen Tannenbaum.

Marktpotenial Frankfurt am Main: 12%
Marktgebiet 1: 37.575 Einwohner
Marktgebiet 2 mit Faktor 70%: 85.081,5 Einwohner

Marktpotenial= (Marktgebiet 1 + Marktgebiet 2) x 0,12 = <u>14.718,78 Einwohner</u>

1.5 Wettbewerbsanalyse

FitnessFirst Black Label: Führender Gesundheits- und Fitnessdienstleister 80mal in Deutschland mit der Zielgruppe der modernen Berufstätigen. Große Produkt-/Angebotsvielfalt auf höchsten Standards. Werben mit dem Fokus auf persönliche Ziele jedes einzelnen Mitglieds und dem Gesamtpaket „Training Ernährung und Inspiration".

Zentrale Stärken von FitnessFirst:
Die Vielfalt an Angebot. Einmal hin und alles vorhanden. Freestyle Training, Cardio, Kraft, Kurse, Outdoor, Online Training, Personal Training und Training im Freien, sowie ein Wellnessbereich für danach.

Service innerhalb der Clubs. FitnessFirst legt großen Wert auf die gezielte Ausbildung ihrer Mitarbeiter durch Schulungen etc.. Was das Personal von vielen anderen Anbietern abheben lässt.

Zentrale Schwächen FitnessFirst:
Zeitaufwand für Mitglieder. Um die rießige Auswahl an Trainings und Wellness Angeboten nutzen zu können müssen die Mitglieder von FitnessFirst sich die Zeit dazu nehmen können. Bei der wandelnden Gesellschaft hin zum „modernen Geschäftmenschen" bezweifle ich, dass viele der Mitglieder das Angebnot überhaupt nützen.

Kontrollverlust durch Größe. Je größer das Unternehmen, desto weniger der Überblick über die gelieferte Qualität von Mitarbeitern und Studio. Mit 80 Clubs innerhalb Deutschland kann schnell der Überblick verloren gehen, ob die Qualität die FitnessFirst verspricht im Bereich Service und Angebot und KnowHow überhaupt eingehalten wird.

PRIME TIME Fitness: Premium Studio mit Standorten hauptsächlich in Frankfurt. Bisher Sieben Clubs eröffnet und Schwerpunkt liegt auf „Effizientem Training". Es wird geworben mit zeiteffektivem Training, gehobenen Ambiente und kurzen Anfahrtswegen und langen Öffnungszeiten.

Zentrale Stärken von PRIME TIME Fitness:
Volle Konzentration auf das Training. PRIME TIME Fitness bietet einzig und allein nur Training im Bereich Personal Training, Cardiotraining, Geräte und Freihanteltraining an. Ihr Fokus liegt auf der Sportlichen Betätigung ihrer Kunden. Das heißt hierrauf können sie sich gezielt konzentrieren und können viel in ihre Gräte invertieren.

Gezielte Kontrolle durch Standortnähe. PRIME TIME Fitness ist direkt in Frankfurt am Main platziert. Außer einer Filliale in München die neu eröffnet hat, sind alle Filialen in unmittelbarer Nähe. Das verschafft PRIME TIME Fitness Heimvorteil und vorallem eine gute und übersichtliche Qualitätskontrolle.

Zentrale Schwächen von PRIME TIME Fitness:

Angebotslücken. Da sich PRIME TIME nur auf den Sport an sich fokussiert fehlen ihr andere Leistungen, die eine Preisklasse im Premiumsegment besser dastehen lassen würden. Für einen hohen Monatsbeitrag ist keine Angebotsvielfalt in anderen Segmenten eines Fitnessstudios gegeben.

Beratungsservice zu gering. Um Premium Preise zu verlangen sollte die Beratungsqualität und Beratungszeit pro Tag/Woche relativ hoch sein. Was bei PRIME TIME niocht der Fall ist, da es sich hier auf eine Stunde Beratungsservice am Tag beschränkt.

1.6 Beurteilung der Marktanalyse

Im Bezug auf das Makroumfeld lässt sich ganz klar und deutlich sagen, dass Frankfurt am Main demografisch gesehen die besten Vorrausetzungen für ein Premium Studio gibt. Frankfurt ist eine wirtschaftlich sehr weite und technologisch fortgeschrittene Stadt. Offen und intelligent genug um Qualität und gute Leistung zu wollen und dementsprechend auch wert schätzen zu wissen.

In Frankfurt liegt der Bevölkerungsschwerpunkt auf der passenden Zielgruppe.

Die Verkehrsanbindung in der Innenstadt sowie um diese herum sorgt dafür, dass die Anfahrtswege einfach und schnell zu beschreiten sind.

Der einzige negative Punkt ist die schon vorhandene Konkurrenz in den Gebieten wo ein Premium Fitnessstudio am geeignetesten platziert ist.

Die entsprechenden Ziele zu erreichen im Bezug auf die Mitgliederzahl ist somit möglich aber nicht einfach und womöglich mit höheren Marketingkosten, als vorgegeben, verbunden.

2 Marketingplanung

2.1 Budgetplanung

Marketingkosten pro Neukunde: 60€/Neukunde

Neukunden im ersten Geschäftsjahr: 1200

Marketingkosten im ersten Jahr: 60€ x 1200 Neukunden = 72.000€

Umsatz im ersten Geschäftsjahr: 80€/Mitglied x 1200 Neukunden = 96.000€

Wie bei 1.6. zu entnehmen ist es jedoch sinnvoll die Marketingkosten pro Neukunde anzuheben.

2.2 Kommunikationspolitik

Kommunikationsmittel für die Vermarktungskampagne
Werbung: Einsatz von gezielten Werbemitteln (siehe Aufgabe 2.3)
Persönlicher Verkauf: Bester Weg um gezielt eine persönliche, positive Beziehung zu Interessenten aufzubauen.
Online-und Social Media Marketing: Im Zeitalter der Digitalisierung ist die Begründung: Wer nicht mit der Zeit geht, muss mit der Zeit gehen.

Innerhalb des Konzepts der Vermarktungskampagne des Premiumstudios sind die primären Ziele der Kampagne, Neukunden gewinnen, Bekanntheitsgrad erhöhen, Marktpositionierung, Imageaufbau und Mitarbeiterakquise.
Die Kommunikationsinstrumente verfolgen die gesonderten Ziele die besten Marketingbereiche zu greifen. Damit ist gemeint innerhalb der Werbung im Printbereich präsent zu sein. Im persönlichem Verkauf von der eigenen Kompentenz und dem individuellen, besonderen Charakter des Studios zu überzeugen und durch den „Mensch zu Mensch" Aspekt das Image des Studios zu fördern und zu präsentieren.
Durch Online- und Social Media Marketing effektiv und vorallem effizient die gewünschte Zielgruppe zu erreichen.
Die Botschaft, die die Vermarktungskampagne vermitteln soll, ist den Menschen klar zu machen, dass jetzt eine Neueröffnung stattfinden wird.
Inhalt der Kampagne ist eine Neueröffnungsparty mit Dirk Müller als Testimonial. Hierbei wird es gute Musik, passende Drinks und Fitnesssnacks- und Gerichte geben. Neueröffnungsaktionen/-rabatte. Sowie einen Vortrag von Dirk Müller über den Zusammenhang von Finanzen und Gesundheit.
Gute Musik soll für die passende Stimmung und gute Laune der Interessenten sorgen. Fitnessdrinks, sowie dir Fitnesssnacks und Fitnessgerichte sind Produkte, die das Premiumstudio im weiteren Bestehen verkaufen möchte und hiermit das Angebot den Neukunden nahe bringt. Neueröffnungsaktionen/-rabatte mit dem Ziel, das Maximum an Mitgliederabschlüssen an diesem Tag zu generieren. Dirk Müller als Testimonial, als

Frankfurter und alias „Mister DAX" würd für entsprechend starken Besuch der gewünschten Zielgruppe sorgen.

Tab. 1: Zeitliche Organisation der Vermarktungskampagne

Datum	Planung	Wer	Bis wann
01.05.16	Eventplanung für Eröffnungsparty (07.01.2017) mit allen Inhalten	Inhaber	15.05.16
18.05.16	Kooparation mit Dirk Müller	Inhaber	20.05.16
22.05.16	Aufträge an Grafikagentur	Inhaber	23.05.16
20.06.16	Finale Grafikdatein an ausführende Firmen (Werbeträger)	Inhaber	22.06.16
07.16	Optimierungsprozesse bezüglich der Neueröffnung	Inhaber	Einschließlich 08.16
01.09.16	Mitarbeiter Meeting	Inhaber + Team	01.09.16
15.09.16	Mitarbeiterschulungen	Inhaber + Team	30.09.16
03.10.16	Rezeptentwicklung und Besprechung mit Catering Service	Inhaber	31.10.16
04.11.16	Start Kommunikationsmittel	Team + Inhaber + Werbeträger	30.11.16
05.12.16	Vorträg von Dirk Müller besprechen	Inhaber + Dirk Müller	05.12.16
07.12.16	Playliste erstellen	Inhaber + Team	13.12.16
15.12.16	Letzte Vorbereitungen treffen	Inhaber + Team	06.01.17
07.01.17	Neueröffnungsparty	Inhaber + Team + Dirk Müller	07.01.17

Um den Erfolg der Kampagne zu überprüfen dienen zum einen die Besucherzahlen, Mitgliedschaftsabschlüsse sowie die Teilnahme an Gewinnspielaktionen mit gezielten Fragen zur Messung.

2.3 Werbeplanung

Gesamt-Werbebudget: 14.400€ = 20% Jahresmarketingbudgets

Tab. 2: Werbeplanung

Werbemittel	Werbeträger	Begründung
Anzeige	Zeitschrift Frizz - Frankfurt	Exakte Zielgruppenauswahl durch spezifische Zeitschriftauswahl; Frizz ist die Inn-Zeitschrift Frankfurts;
Flyer	Via Postwurf in/mit Zeitung	Hohe Streubreite und fällt auf durch Einzeldokument; Selektierbar um genaue Zielgruppe zu erreichen;
Plakat	Außenwerbung Straßenbahn 8A	Am POI (Point of Interest) angebracht, Erzeugt Widererkennung und Mundpropaganda durch starke Präsenz

Grundsätzlich wurden Digitale Werbeträger (Kino, Radio, Fernsehen) nicht gewählt, aufgrund von hohen Marketingkosten.

2.4 Kostenkalkulation/ Budgetvergleich bei der Werbeplanung

Tab.3: Kostenkalkulation

Werbemaßname	Zusätzliche Schritte	Ø SOLL - Kosten	IST - Kosten
Anzeige	*Grafikerstellung (400,-)*	*4.800,-*	*3.800,- + 400,-*
Flyer	*Grafikerstellung (600,-) + Druckkosten (300,-) (25TSD Exemplare)*	*4.800,-*	*3.600,- + 600,- +300,-*
Plakat	*Grafikerstellung (400,-) + Druckkosten (150,-) + Anbringung (80,-)*	*4.800,-*	*6.500,- +400,- +150,- +80,-*
Gesamtbudget		*14.400,-*	*15.830,-*

Die Abweichung der Werbeplanung beträgt **1.430,-**. Um diese Differenz zu optimieren bietet es sich an, die Grafikerstellung von drei einzelnen Designs in eines umzuwandeln, um diese dann für alle drei Werbemaßnahmen nutzbar zu machen. Hiermit ist es möglich die Grafikkosten um ca. 60% zu senken. Als weitere Optierungsmöglichkeit bietet es sich an die Flyer in einer preiswerteren Variante zu wählen (Material/Format/Veredelung/Auflage o.ä.). Da die Differenz mit diesen beiden Verbesserungen geglättet wäre, steht es nicht in Frage eine komplette Werbemaßnahme gegen eine andere, günstigere, zu tauschen.

2.5 Synergieeffekte im Rahmen der Kommunikationspolitik

Synergieeffekte innerhalb der Unternehmensgruppe in Bezug auf die Kommunikationspolitik sind eindeutig vorhanden und gut umsetzbar. Hierbei kann man bestimmt Zielgruppen, die nicht exakt der eigenen entsprechen eine **Empfehlung aussprechen** und diese Zielgruppe/Zielperson an ein anderes Studio der Unternehmensgruppe der Interessent, der sich das Premiumsegment nicht leisten kann. Dieser wird dann an den Discounter der Unternehmensgruppe weitergeleitet.

Eine andere Synergiemöglichkeit wäre eine **gemeinsame Werbeaktion**, die Beispielsweise als Hauptthema die Gesundheit und die Wichtigkeit von körperlicher Fitness unterstreicht. Um Zusammen dafür zu sorgen, den Menschen die Augen zu öffnen und Ihnen die Bedeutung von Sport näher bringen. Hierbei liegt der Schwerpunkt nicht auf den Neukundengewinnung gezielt im eigenen Studio.

3 Abschlussstatement

Da Frankfurt am Main eine zukunftsorientierte Stadt ist, bildet sie die perfekte Basis für die Unternehmensgruppe. Neue Konzepte im Bereich der Gesundheitsbranche können hier schnell akzeptiert und verstanden werden, da Frankfurt am Main den passenden Lifestyle, sowie ein ausgeprägtes Gesundheitsbewusstsein besitzt. Risiken an sich sind somit nicht vorhanden, angestrebt werden sollte jedoch die Entwicklung eines USP um sich von der Konkurrenz abzuheben, um größeren Erfolg zu generieren. Grundsätzlich können alle Zielangaben der Unternehmensgruppe erreicht werden.
Die Möglichkeit ein erfolgreiches Studio zu eröffnen besteht bei allen vier Studiovarianten und somit stehen die Erfolgswahrscheinlichkeiten aller auf einer Ebene.

Die Standorte der vier Unternehmenstypen sind speziell nach der gewünschten Zielgruppe ausgewählt worden und somit ideal um dort ein Studio zu eröffnen. Im Hinblick auf Konkurrenz im Umfeld könnte man hier und da eventuell noch Kleinigkeiten am Standort ändern.

Ein Premium Fitnessstudio in Frankfurt am Main hat beste Chancen auf Erfolg. Es können alle Zielangaben erreicht werden. Um diese jedoch gezielter zu erreichen wäre es empfehlenswert gegebenenfalls einen Standort zu wählen mit weniger Konkurrenz im Umfeld.

4 Literaturverzeichnis

Statistisches Jahrbuch der Stadt Frankfurt am Main (2015). *Bevölkerung.* Zugriff am 13.11.2016. Verfügbar unter
https://www.frankfurt.de/sixcms/media.php/678/J2015K02x.pdf

Statistisches Jahrbuch der Stadt Frankfurt am Main (2015). *Bevölkerung.* Zugriff am 13.11.2016. Verfügbar unter http://frankfurt-business.net/standort-frankfurt/wirtschaftliche-kennzahlen/

Bundesagentur für Arbeit (2016). *Arbeitslosenquote Frankfurt am Main.* Zugriff am 13.11.2016. Verfügbar unter
https://statistik.arbeitsagentur.de/Navigation/Statistik/Statistik-nach-Regionen/Politische-Gebietsstruktur/Hessen/Frankfurt-am-Main-Stadt-Nav.html

IHK Frankfurt am Main (2015). *Kaufkraft Frankfurt am Main.* Zugriff am 13.11.2016. Verfügbar unter
http://www.frankfurt-main.ihk.de/standortpolitik/konjunktur_statistik/wirtschaftsstruktur/ihk-bezirk/kaufkraft_bezirk/

Google Maps (2016). *Karte Frankfurt am Main*. Zugriff am 13.11.2016. Verfügbar unter https://www.google.de/maps/place/Frankfurt+am+Main/@50.1211277,8.4964812,11z/data=!3m1!4b1!4m5!3m4!1s0x47bd096f477096c5:0x422435029b0c600!8m2!3d50.1109221!4d8.6821267

Statistik der Bundesagentur für Arbeit (August 2014). *Artbeitslosenquote in Deutschland seit 1995*. Zugriff am 13.11.2016. Verfügbar unter https://de.statista.com/statistik/daten/studie/1224/umfrage/arbeitslosenquote-in-deutschland-seit-1995/

Google (2016). *Dirk Müller*. Zugriff am 13.11.2016. Verfügbar unter https://www.google.de/webhp?sourceid=chrome-instant&ion=1&espv=2&ie=UTF-8#q=dirk%20m%C3%BCller

PRIME TIME FITNESS (2016). *Prime Time Fitness*. Zugriff am 13.11.2016. Verfügbar unter http://www.primetime-fitness.de/

Fitness First (2016). *Fitness First*. Zugriff am 13.11.2016. Verfügbar unter https://www.fitnessfirst.de/

Creativ collection Verlag GmbG (2014). *Etat Kalkulator 2014*. Verlagsort: Freiburg.

Flyeralarm (2016). *Kostenkonfigurator*. Zugriff am 13.11.2016. Verfügbar unter https://www.flyeralarm.com/de/shop/configurator/index/id/5756/flyer-klassiker.html#2798=14563&2791=14616&2794=14596&2795=15966

5 Tabellenverzeichnis

5.1 Tabellenverzeichnis

Tab. 1: Zeitliche Organisation der Vermarktungskampagne
Tab. 2: Werbeplanung
Tab.3: Kostenkalkulation

BEI GRIN MACHT SICH IHR WISSEN BEZAHLT

- Wir veröffentlichen Ihre Hausarbeit, Bachelor- und Masterarbeit

- Ihr eigenes eBook und Buch - weltweit in allen wichtigen Shops

- Verdienen Sie an jedem Verkauf

Jetzt bei www.GRIN.com hochladen und kostenlos publizieren